Ich Bin Ein Großes Kind.
Ich Schlafe In Meinem Eigenen
BETT!

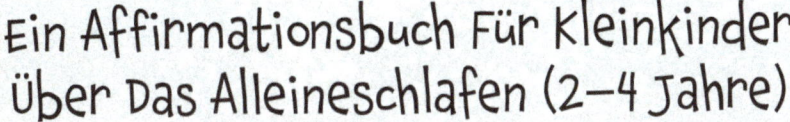

Ein Affirmationsbuch Für Kleinkinder
Über Das Alleineschlafen (2–4 Jahre)

Von Suzanne T. Christian

TWORAVENS
BOOKS

Two Little Ravens
CHILDREN'S NON-FICTION BOOKS

Taschenbuch Ausgabe: 9781968080068
Gebundene Ausgabe: 9781968080075
Digitale Ausgabe: 9781968080082

Veröffentlicht in den Vereinigten Staaten von Two Ravens Books LLC, 254 Chapman Rd, Ste 209, Newark DE 19702

„Erweitern Sie Ihren Geist, befreien Sie Ihre Fantasie, ein Titel nach dem anderen."
www.tworavensbooks.com

Herzlich willkommen bei
„Ich Bin Ein Großes Kind. Ich Schlafe In Meinem Eigenen Bett!"

Dieses Buch schenkt euch eine sanfte, fröhliche Sammlung von Mutmach-Sätzen - genau richtig für kleine Kinder. Beim gemeinsamen Anschauen und Lesen lernt euer Kind, sich mutig und geborgen zu fühlen beim Schlafen im eigenen Bett.

Jeder Satz kommt mit kuscheligen Bildern und ganz einfachen Worten, die trösten und aufmuntern. Wenn ihr das Buch jeden Abend lest, entdeckt ihr die Zauberkraft der Wiederholung - ein wichtiges Lehrmittel für kleine Kinder.

Mach dich bereit für eine Reise zu mehr Selbstständigkeit, ruhigen Nächten und einem kleinen Schläfer voller Selbstvertrauen!

Suzanne T. Christian

Ich bin ein großes Kind, und mein Bett hat genau die richtige Größe!

Wenn ich mit meinem Teddy kuschle, fühle ich mich ganz geborgen.

Meine Decke ist weich wie eine Umarmung.
Ich schlafe in meinem eigenen Bett!

Ich kann wie ein lustiger Hase ins Bett hüpfen!

Ich fühle mich mutig,
wenn das Licht ausgeht.

Wenn ich zugedeckt bin, fühle ich mich warm und geliebt. Ich schlafe in meinem eigenen Bett!

Ich habe ein supercooles Nachtlicht, das mein Zimmer erhellt. Ich schlafe in meinem eigenen Bett!

Wenn ich mich ein bisschen einsam fühle,
umarme ich mein Kissen.
Ich schlafe in meinem eigenen Bett!

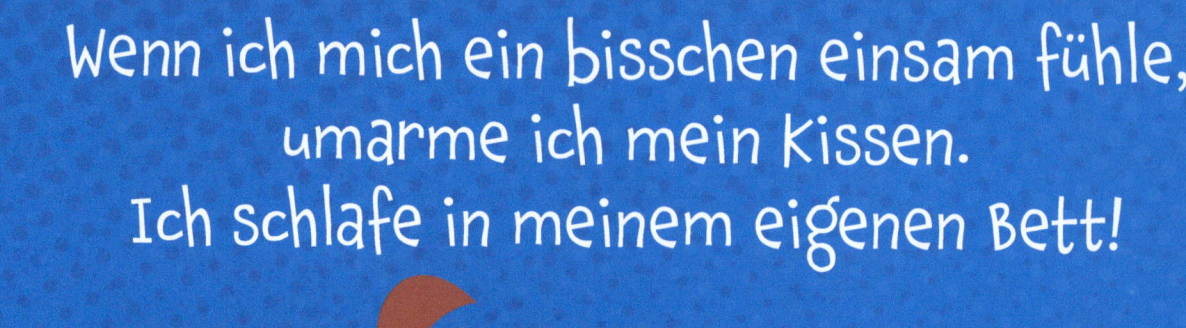

Alle sind stolz auf mich,
weil ich ganz alleine schlafe.

Ich liebe meine
Gutenachtgeschichte.
Bücher bringen mich
zum Lächeln.
Ich schlafe in meinem
eigenen Bett!

Meine Kuschelfreunde leisten mir
die ganze Nacht Gesellschaft.

Ich sage „Gute Nacht" zu meinen Spielsachen und bringe sie ins Bett.

Mein Bett ist wie ein gemütliches Boot, das auf Wolken ins Traumland segelt.

Monster gibt es nicht. Ich schlafe in meinem eigenen Bett!

keine Monster hier — nur ich, so mutig,
wie ich sein kann!

Mein großes Kinderbett ist wie eine geheime Festung, nur für mich allein.

Ich lächle, weil ich weiß, dass morgen ein wunderbarer Tag wird.

Mein Lieblingsteddy und ich träumen zusammen die schönsten Träume.

Mein Bett ist meine sichere Burg!

Jeden Morgen wache ich auf und rufe:
„**Hurra!** Ich habe in meinem eigenen Bett geschlafen!"

Ich liebe es, ein großes Kind zu sein – und weißt du was? Ich schlafe in meinem eigenen Bett!

Ich Bin Ein Großes Kind.
Ich Schlafe In
Meinem Eigenen

BETT!

Ende!

Meine Erstaunliche Verhaltensserie für Kleinkinder

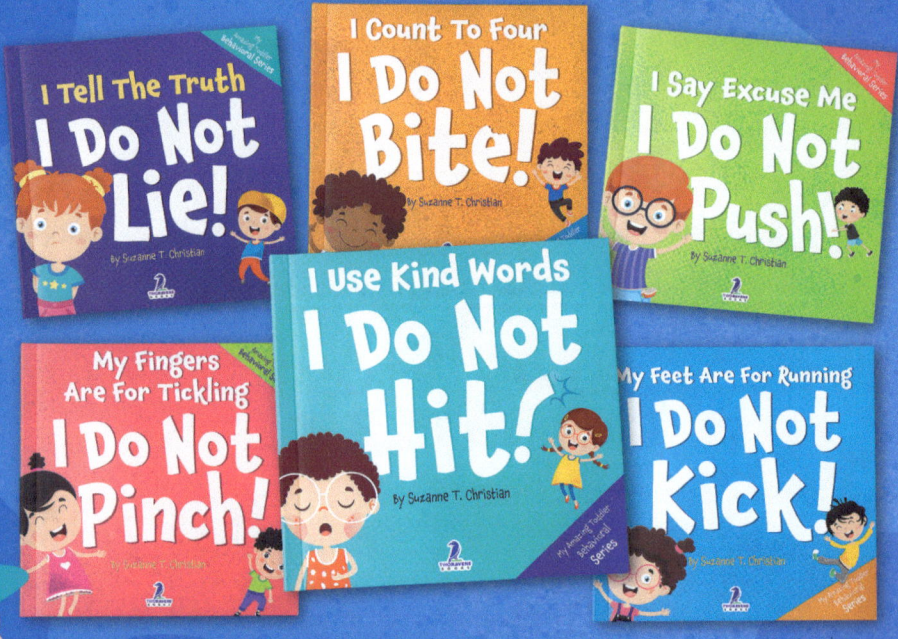

Entdecken Sie
Suzanne T. Christian's beliebte serie
'Meine Erstaunliche Verhaltensserie
für Kleinkinder.'
Junge leser werden es sicher genießen!

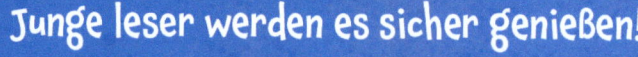

Two Little Ravens
CHILDREN'S NON-FICTION BOOKS

Liebe/r erstaunliche/r Leser/in,

Vielen Dank, dass Sie „Ich Bin Ein Großes Kind. Ich Schlafe In Meinem Eigenen Bett!" mit mir gelesen haben. Wenn dieses Buch Ihr Herz berührt oder bei einem jungen Leser etwas bewirkt hat, wäre ich Ihnen dankbar, wenn Sie Ihre Gedanken in einer Rezension mitteilen könnten. Ihr Feedback inspiriert mich bei meiner zukünftigen Arbeit und hilft anderen, den Zauber dieser Seiten zu entdecken.

Wenn Sie Vorschläge oder Ideen zur Verbesserung des Buches haben, würde ich mich freuen, direkt von Ihnen zu hören. Wenden Sie sich bitte an mich unter suzanne.christian@tworavensbooks. com. Ihre Stimme zählt, und ich weiß sie sehr zu schätzen.

Mit aufrichtiger Dankbarkeit,

Suzanne

www.ingramcontent.com/pod-product-compliance
Lightning Source LLC
Chambersburg PA
CBHW041438120626
46547CB00002B/260

9781968080068